EINATMEN. AUSATMEN

Sein

Kleine Achtsamkeitsmomente für dich

Hallo du …

Powerfrau - Improvisationsgenie -
Hilfsbereite - Seelentrösterin -
Durchstarterin - Lieblingsmama-
Verlässliche …

DIE WELT BRAUCHT DICH!

Aber sie kommt zwischendurch auch einmal
ohne dich zurecht. Nimm dir also guten Gewissens
diese Zeit und schenke dir selbst immer wieder
achtsame Augenblicke. Auf den folgenden Seiten
findest du einige Anregungen,
wie so ein Moment aussehen kann.

Atme ein. Atme aus. Und los geht's ...

New day. NEW PEACE, NEW THOUGHTS.

Achtsamer Aufstehmoment für dich

- Halte die Augen noch einen Augenblick lang geschlossen, atme tief durch und komm erstmal in diesem neuen Tag an.

- Spüre von Kopf bis Fuß in deinen Körper hinein. Sind deine Füße warm oder kalt? Wie fühlt sich die Matratze unter dir an? Kannst du vielleicht draußen schon die Vögel zwitschern hören?

- Rekle und strecke dich, gähne ausgiebig.

- Wenn du magst, setze dir für heute ein Motto: Mit welchem Gefühl möchtest du durch den Tag gehen? Wie willst du für dich sorgen?

Calm
IS A
superpower.

ZWEI MINUTEN POWERPOSING

für weniger Stress und mehr Kraft

Wusstest du, dass deine Körperhaltung sich darauf
auswirkt, wie gestresst, gelassen oder auch
souverän du dich fühlst?
Schon zwei Minuten Powerposing pro Tag reichen aus,
um das Stresshormon Kortisol zu senken und neue
kraftvolle Energien in dir zu wecken.
So kannst du Herausforderungen lockerer und
selbstbewusster begegnen.

Ruhe ist eben doch eine Superpower.

Das Träumen
IST DER SONNTAG DES DENKENS.

HENRI FRÉDÉRIC AMIEL

Selbst bei einer alltäglichen Routine wie dem Gang zur Kaffeemaschine oder zum Wasserkocher kannst du dir einen wertvollen, achtsamen Moment schenken. Schicke deine Gedanken auf die Reise …

… und wandere in deiner Fantasie zu der Kaffee- oder Teeplantage, auf der jemand für dich die Bohnen oder Teeblätter geerntet hat, die dir jetzt wohlige Wärme und neue Kraft für den Tag schenken. Schließe deine Augen und atme tief den Duft ein, spüre die angenehme Wärme deines Bechers in deiner Hand. All das ist für dich.

Die Natur ist
ein sehr gutes
Beruhigungsmittel.

ANTON TSCHECHOW

Suche die Ruhe in der Natur

Egal, ob du nach Feierabend einen kurzen
Waldspaziergang machst oder dich bequem
ins Grüne legst und die Wolken beobachtest:
Schon zehn Minuten in der Natur helfen dir dabei,
Stress loszulassen, eine andere Perspektive
einzunehmen und neue Energie zu tanken.

ES IST NICHT WICHTIG,
WAS DU BETRACHTEST, SONDERN
was du siehst.
HENRY DAVID THOREAU

SIEH DEINE UMGEBUNG MIT ACHTSAMEN AUGEN

Unterbrich für einen Moment dein Tagewerk, stell dich an ein Fenster oder auf deinen Balkon und sieh dich um. Wahrscheinlich hast du diesen Ausblick schon tausendmal gesehen, aber hast du auch schon einmal bewusst jede Einzelheit wahrgenommen?

Versuche, deinen Geist frei von Gedanken zu machen und aufmerksam alle Details bewusst aufzunehmen: Die Farbe der Blätter an den Bäumen, die Topfpflanzen der Nachbarn, das Treiben auf der Straße, den weiten Himmel, der sich über allem erstreckt, die Geräusche der Autos auf der Straße.

Sei ganz im Hier und Jetzt.

Deep breaths
are like little love notes
to your body.

Kleine 5-Minuten-Atemübung

Mit dieser Übung bringst du deinen Herzschlag
und deinen Atem in Einklang.

- Schließe die Augen und atme tief und entspannt
  2-3 Sekunden lang ein.
- Atme dann 4-6 Sekunden lang entspannt aus.
- Lege eine kleine Atempause von 2 Sekunden ein.
- Atme nun wieder ruhig und tief 2-3 Sekunden lang ein.
- Atme jetzt wieder 4-6 Sekunden aus, mache eine
  kleine Pause ...

LASS DEINEN ALLTAG DEINE OASE,
DAS HEUTE DEINE INSPIRATION UND DAS JETZT
dein Geschenk sein.
KARIMA STOCKMANN

MACHE EINE TÄTIGKEIT GANZ BEWUSST

- Suche dir etwas, was du jeden Tag tust – und diese
  eine Tätigkeit verrichte einmal ganz bewusst:
  Das kann zum Beispiel Zähneputzen, Kaffeekochen
  oder Blumengießen sein.

- Immer wenn du das tust, richtest du deine ganze
  Aufmerksamkeit auf diesen Vorgang.

- Du füllst beispielsweise das frische, kühle Wasser in
  die Kanne, spürst das Gewicht der Gießkanne, betrachtest jedes einzelne Blütenblatt und wässerst die Pflanze –

mit Liebe und Bedacht.

ES IST NIE ZU SPÄT, DEM LEBEN
EINE POSITIVE RICHTUNG ZU GEBEN:
SICH DEM GLÜCK UND DER FREUDE ZU ÖFFNEN,
DENN BEIDES IST IM ÜBERFLUSS VORHANDEN.
DU MUSST ES NUR ANNEHMEN!

DAVID L. WANG

SENDE DIR EINE POSITIVE BOTSCHAFT

Mit dieser Übung bringst du deinen Herzschlag und deinen Atem in Einklang.

- Was möchtest du dir gerne einmal sagen? „Heute ist ein guter Tag", „Ich bin schön", „Ich werde geliebt", „Ich bleibe ruhig und gelassen"…

- Schreibe deinen persönlichen Satz auf drei verschiedene Zettel und verteile sie. Klebe zum Beispiel einen an deinen Computer, den anderen an deinen Spiegel und lege den dritten in deinen Geldbeutel.

- Immer wenn du deine Botschaft liest, halte ganz bewusst einen Moment inne und sage dir: Ja, genau!

Nicht außerhalb,
nur in sich selbst soll man
den Frieden suchen.

BUDDHA

Schenke dir Mitgefühl

Wenn du dich ärgerst, du traurig oder nervös bist,
kann dir diese kleine Übung helfen:

- Lege deine rechte Hand oder beide Hände
  auf deinen Herzbereich.
- Spüre, wie sich dein Brustkorb beim Ein- und Ausatmen
  hebt und senkt.
- Genieße die sanfte Berührung und die Wärme deiner Hand.

Mache diese kurze Übung immer wieder zwischendurch.
Sie soll dich daran erinnern, freundlich
und liebevoll mit dir umzugehen.

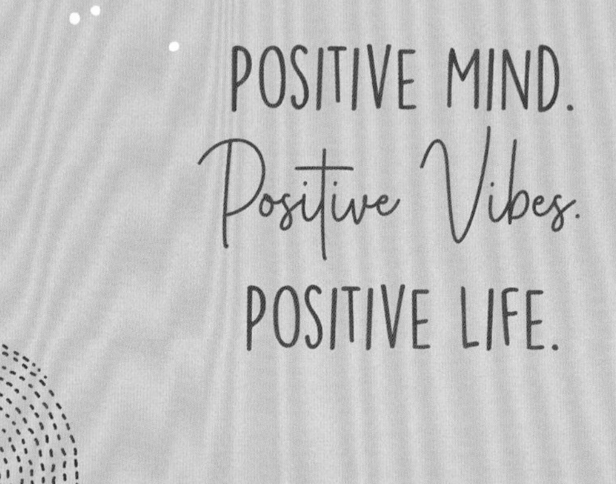

POSITIVE MIND.
Positive Vibes.
POSITIVE LIFE.

Hakini-Mudra

Diese kleine Übung verhilft dir zu mehr Konzentration und schenkt dir einen achtsamen Moment ganz bei dir selbst.

- Bringe die Fingerspitzen deiner Hände zusammen und spreize dann die Finger voneinander. Nur die Fingerspitzen berühren sich. Bleibe 5 Atemzüge lang so.
- Durch die Berührung der Finger der beiden Hände wird die Kommunikation zwischen den beiden Gehirnhälften unterstützt. Das fördert die Merkfähigkeit.

Life
is a collection
of moments.

Kleine Zeitreise

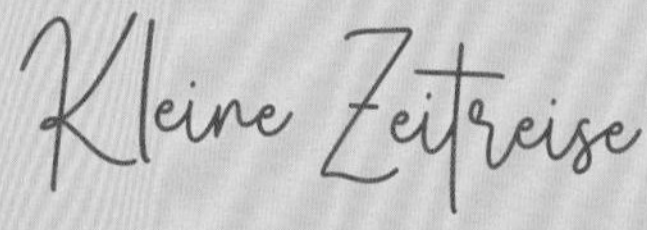

- Nimm ein Foto, das dich an einen schönen Tag erinnert.

- Betrachte es ganz genau. Dann schließe die Augen und lass den Tag wieder aufleben.

- Zu welcher Tageszeit wurde das Foto aufgenommen? Wer war bei dir? War es warm? Versuche, dich auch an Dinge zu erinnern, die nicht auf dem Foto zu sehen sind.

- Wie hast du dich gefühlt? Kannst du Geräusche hören? Dich an Gerüche erinnern? Tauche ganz ein in diesen Moment. Mache dir bewusst, dass deine Erinnerungen ein Reichtum sind, den du immer in dir trägst.

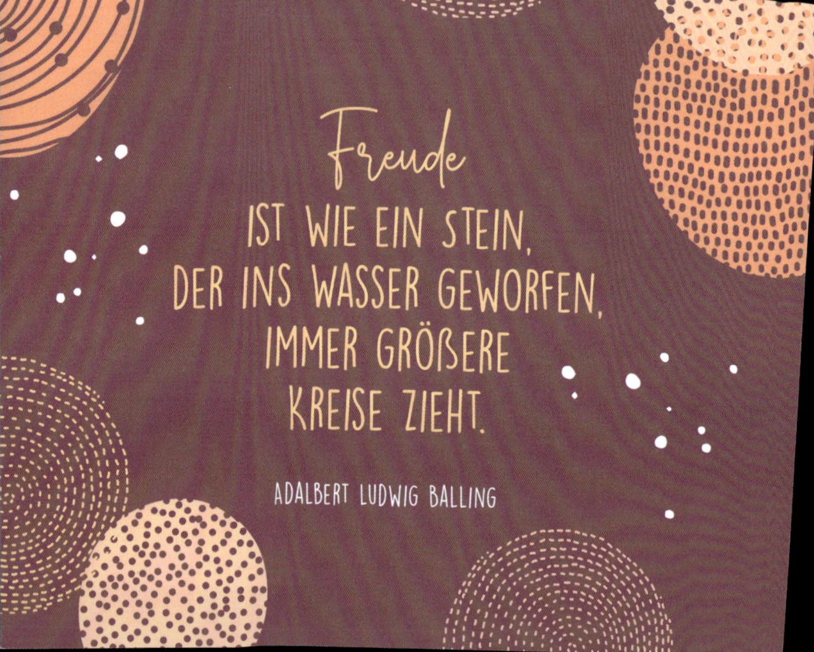

Freude
IST WIE EIN STEIN,
DER INS WASSER GEWORFEN,
IMMER GRÖSSERE
KREISE ZIEHT.
ADALBERT LUDWIG BALLING

VERBREITE GLÜCK

Bring deiner Freundin ein paar Blumen mit,
schreib deinem Partner eine kleine Liebesbotschaft,
spendiere deinen Kolleginnen eine Runde Gebäck oder
zeige jemandem deine ehrliche Anerkennung ...

Jemand anderem eine Freude zu bereiten,
wärmt auch dein eigenes Herz und hilft dir dabei,
achtsam das kleine Glück zu erkennen.

Choose
to be grateful.

2 kleine Dankbarkeitsrituale für dich

- Stecke dir, bevor du aus dem Haus gehst, einige Kaffeebohnen, Murmeln oder Zopfgummis in die Hosentasche. Wann immer dir im Laufe des Tages etwas begegnet, wofür du dankbar bist, wechselt eines davon in die andere Hosentasche. Am Ende des Tages kannst du sehen, für wie viele Dinge du heute dankbar warst.

- Nimm dir abends vor dem Schlafengehen ganz bewusst einen Moment Zeit und sprich aus oder schreibe auf, für welche Menschen, Dinge, Momente und Erlebnisse du heute dankbar bist.

Spürst du, wie dich das warme Gefühl der Dankbarkeit durchströmt und deine Laune sich aufhellt?

Du bist genug.

Feelgood-Mantras für deinen Alltag

Wenn dich der Tag stresst, dir andere
glauben machen wollen, du müsstest perfekt sein oder
du dich vergleichst, dann atme einmal tief durch.
Lies dir in Ruhe diese Mantras durch und suche dir
genau die Aussage heraus, die dein Herz gerade braucht.

Ich bin genug.

Ich bin glücklich.

Ich werde geliebt.

Ich bin wichtig.

Ich bin einzigartig.

Ich bin innerlich und äußerlich schön.

ESSEN IST EIN BEDÜRFNIS,

Genießen

IST EINE KUNST.

FRANÇOIS
DE LA ROCHEFOUCAULD

Fernseher aus – oder Arbeit beiseite und Geschmacks-
nerven an. Süße Versuchungen sind doch erst so richtig
süß, wenn wir sie ganz bewusst genießen…

- Sieh dir den Leckerbissen auf deinem Teller ganz genau
  an. Lass ihn noch eine Minute stehen und freu dich an
  dem Anblick.

- Der erste Bissen ist immer der beste. Schließe die Augen.
  Schnuppere an dem, was du auf der Gabel hast. Wie
  fühlt es sich in deinem Mund an? Gib dich ganz dem
  Geschmack hin, versuche einzelne Nuancen heraus-
  zuschmecken.

- Wertschätze die kleine Delikatesse, iss so langsam,
  wie du kannst und genieße jeden einzelnen Bissen.

Einatmen.
Ausatmen.
Loslassen.

Kleine Übung gegen negative Gedanken

Gedanken kommen und gehen. Du kannst sie nicht kontrollieren. Genauso wenig kannst du negative Gedanken vermeiden. Aber du kannst einen guten Umgang mit ihnen pflegen. Wenn du dich dabei ertappst, wie du Runden in deinem Gedankenkarussell drehst, dann schließe kurz die Augen und atme tief durch.

Das bist nicht du. Es sind nur deine Gedanken. Stell dir vor, wie du sie loslässt. Ganz bildlich. Du schickst sie in die Weite des Himmels und lässt sie vom Wind davontragen. Oder du wirfst sie in einen Fluss und lässt sie davontreiben.

Sieh ihnen nach, wie sie immer kleiner werden und schließlich verschwinden.

Be mindful
even if
your mind
is full.
JAMES DE LA VEGA

Innehalten mit der Mindfulness Bell

Die Glocke der Achtsamkeit ist ein einfaches
und wirksames Mittel, um mehr Achtsamkeit
im Alltag zu entwickeln.

Lade dir eine App mit einer Achtsamkeitsglocke auf
dein Handy. Diese sendet dir zu ganz unterschiedlichen
Tageszeiten ein Signal. Wenn du den Klang hörst,
dann nimm ganz bewusst wahr, was du gerade tust.
Spüre kurz in dich hinein: Wie geht es dir?
Was denkst du gerade?

DIE KÜRZESTEN WÖRTER,
nämlich ja und nein
ERFORDERN DAS
meiste Nachdenken.
PYTHAGORAS VON SAMOS

HALTE INNE, BEVOR DU JA SAGST

Ein Ja ist meistens leichter als ein Nein.
Wir fühlen uns besser, wenn wir niemanden enttäuschen.
Doch ein Ja heißt oft auch, dass wir uns selbst überfordern.

Wenn du das nächste Mal mit einer Bitte
konfrontiert wirst, halte kurz inne. Du kannst auch
um eine kurze Bedenkzeit bitten. Spüre in dich hinein,
ob du wirklich ganz bewusst Ja sagen möchtest.
Dann entscheide.
Oft ist ein Nein ein Ja zu dir selbst.

Du allein bist es,
der dem Alltag
Flügel verleihen kann.

DAGMAR C. WALTER

Kleiner Handwechsel für dich

Versuche doch einmal, für eine alltägliche
Gewohnheit die andere Hand zu benutzen,
zum Beispiel, um zu essen oder zu trinken.

Indem du die andere Hand benutzt,
führst du Tätigkeiten, die du sonst dem Autopiloten
überlässt, viel bewusster aus und bist
ganz im Hier und Jetzt.

~~Müssen~~

~~Werden~~

~~Können~~

~~Sollen~~

Sein.

Kleine 5-Minuten-Augenübung

Bildschirmarbeit kann ganz schön anstrengend für die Augen sein. Diese Übung hilft:

- Halte den Kopf gerade, er bewegt sich bei der Übung nicht mit. Schaue 10-mal im Wechsel von rechts nach links. Dann schließe kurz die Augen.
- Öffne die Augen wieder und schaue 10-mal von oben nach unten.
- Reibe deine Hände aneinander, bis deine Handflächen warm sind. Lege deine Hände zu einer Schüssel zusammen und lege sie über dein Gesicht. Spüre, wie sich deine Augen durch die Wärme und die Dunkelheit entspannen.

AUSRUHEN
IST KEIN STEHENBLEIBEN –
SONDERN EIN
Krafttanken.
ERNST FERSTL

Kleine Kopfmassage für zwischendurch

Perfekte Erste Hilfe an stressigen Tagen.

Massiere deinen Kopf mit den Fingerspitzen in sanften, kreisenden Bewegungen bis zur Stirn und zu den Schläfen. Wenn jemand in deiner Nähe ist, dem du vertraust, kannst du dir den Kopf natürlich auch massieren lassen.

Eine Kopfmassage entspannt und verbessert die Durchblutung. Nur drei Minuten Kopfmassage erfrischen und beleben spürbar, sodass du mit neuer Energie wieder an die Arbeit gehen kannst.

Einatmen.
Ausatmen.
Sein.

WARTEN ALS ACHTSAMKEITSÜBUNG

Ganze 374 Tage unseres Lebens
verbringen wir mit Warten:
an der Kasse, an roten Ampeln, im Stau,
in Wartezimmern und Restaurants …
Und sehr oft sind wir dabei ungeduldig und genervt.

Diese Situationen sind perfekt für kleine
Achtsamkeitsübungen: Beobachte deinen Atem oder
richte deine ganze Aufmerksamkeit und dein Interesse
auf alle Details deiner Umgebung.
Langsam werden sich Ruhe und
Gelassenheit einstellen.

ACHTSAMKEIT IST DIE ZAUBERFORMEL
FÜR EIN SCHÖNES
Miteinander.
IRMGARD ERATH

Höre genau zu

Ob beim Mittagslunch mit einer Freundin oder beim
„Wie war dein Tag?" mit deinem Partner:
Versuche beim nächsten Gespräch mit einem deiner
Herzensmenschen ganz bewusst auf die Zwischentöne
zu hören, die beim Gesagten mitschwingen. Spüre genau hin,
öffne dein Herz den Gefühlen deines Gegenübers.
Zeige Anteilnahme, ohne ein Problem lösen zu wollen.
Sei einfach ganz da.
Aufrichtig zuzuhören ist ein Achtsamkeitsgeschenk,
das du jederzeit machen kannst.

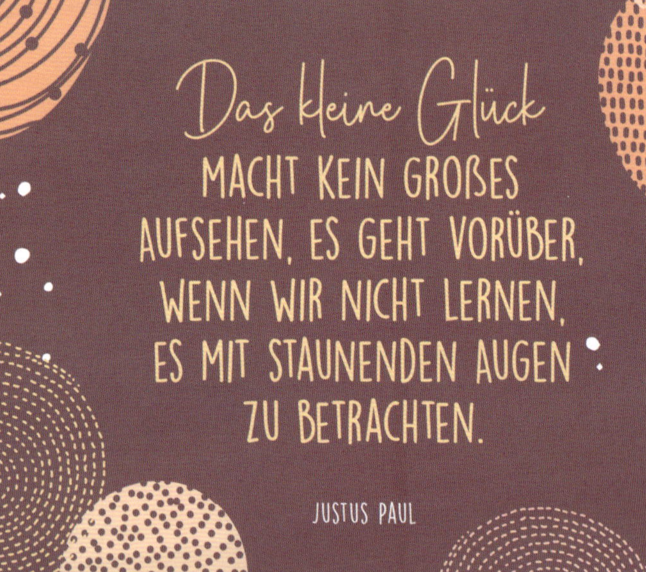

Das kleine Glück
MACHT KEIN GROßES
AUFSEHEN, ES GEHT VORÜBER,
WENN WIR NICHT LERNEN,
ES MIT STAUNENDEN AUGEN
ZU BETRACHTEN.

JUSTUS PAUL

STAUNE

Dies ist eine kleine Achtsamkeitsübung, die du auf deinem nächsten Spaziergang machen kannst.

Nimm etwas, was dir auf deinem Weg begegnet: einen Stein, ein Blatt, ein Blümchen oder einen Ast. Sieh es dir ganz genau an. Betrachte es von allen Seiten. Wie fühlt es sich an? Hat es einen Geruch? Widme dich zwei oder drei Minuten nur deinem kleinen Fundstück. Fühlst du dich ein Stück geerdeter? Bist du erstaunt, wie du an so viel Schönheit sonst einfach vorbeigehst?

Besuchen Sie uns im Internet: www.groh.de

Einatmen. Ausatmen. Sein. – Kleine Achtsamkeitsmomente für dich
© 2022 Groh Verlag. Ein Imprint der Verlagsgruppe Droemer Knaur GmbH & Co. KG
Landsberger Straße 346, 80687 München

Alle Rechte vorbehalten. Das Werk darf – auch teilweise – nur mit Genehmigung des Verlags wiedergegeben werden.
Die Nutzung unserer Werke für Text- und Data-Mining im Sinne von § 44b UrhG behalten wir uns explizit vor.

Textnachweis: Wir danken allen Autoren bzw. deren Erben, die uns freundlicherweise die Erlaubnis zum Abdruck
von Texten erteilt haben sowie Herrn Ernst Ferstl für seinen Text auf Seite 44: www.gedanken.at

Bildnachweis: Cover und Mehrfachverwendung Innenteil: Vyazovskaya Julia/Shutterstock.com;
Einklinker Innenteil: cat_and_pencil/Shutterstock.com; S.2: bombuscreative/DigitalVision Vectors/Getty Images;
S. 4: the_burtons/Moment/Getty Images; S.8: Guido Mieth/DigitalVision/Getty Images; S. 12: Przemyslaw Iciak/
EyeEm/Getty Images; S. 16: Tammy Hanratty/Corbis/Getty Images; S. 20: Geraint Rowland Photography/Moment/
Getty Images; S. 23: Buddy Cat/Shutterstock.com; S. 24: Miss Pearl/Moment/Getty Images; S. 28: Yulia-Images/
Moment/Getty Images; S. 32: sutteerug/iStock/Getty Images; S. 36: Fiordaliso/Moment/Getty Images; S. 40:
istetiana/Moment/Getty Images; S. 44: Huber & Starke/Corbis/Getty Images; S. 48: Surasak Sootthikarn/EyeEm/
Getty Images.

Layout und Satz: Petra Schmidt Grafik Design

Gesamtherstellung: Printfactory, Istanbul

ISBN 978-3-8485-0059-8

Kontaktadresse nach EU-Produktsicherheitsverordnung:
produktsicherheit@droemer-knaur.de

15 14 13 12 11